Marion Jettenberger

1 x 1 der Sterbebegleitung

Am Ende wissen,
wie es geht …

Manuela Kinzel Verlag

Impressum:

Manuela Kinzel Verlag
73037 Göppingen
Tel. 07165 / 929 399

info@manuela-kinzel-verlag.de
www.manuela-kinzel-verlag.de

2. Auflage 2022

ISBN 978-3-95544-166-1

Inhalt

Vorwort

Liebe Leser*innen, Begleiter*innen,
betroffene An- und Zugehörige,
Hospizbegleiter*innen,
ehrenamtliche und hauptamtliche Helfer*innen,
seit ich mit Schwerkranken, Sterbenden und deren Wegbegleitern arbeite, werde ich nach einer Art „Anleitung" gefragt, denn plötzlich ist man mit Fragen und Gefühlen konfrontiert wie:
„Wissen Sie, ich habe sowas noch nie erlebt..."
„Was müssen wir jetzt bedenken?"
„Was können wir jetzt noch tun?"
„Müssen wir etwas vorbereiten?"
„Was ist, wenn Schmerzen auftreten?"
„Gibt es spezielle Hilfen? Wer kann uns entlasten?"
„Kann Mutti auch zuhause bleiben und sterben?"

„Wie erkennen wir, dass es nun wirklich zu Ende geht?“
„Wie können wir Abschied nehmen?“
„Was ist nach dem Todeseintritt zu beachten?“
...

Es ist schon komisch, dass wir alle so viel mehr über *Erste Hilfe* in Schulen, Sportvereinen oder spätestens beim Führerschein lernen, aber so wenig zum Thema *Letzte Hilfe,* also Hilfen am Lebensende. Dieses kleine Büchlein ***1 x 1 der Sterbebegleitung*** soll Ihnen ein guter Ratgeber und Begleiter für die letzte Zeit sein, ganz im Sinne von ***am Ende wissen, wie es geht.***

Alles Liebe für Sie und Ihre An- bzw. Zugehörigen, denn sicherlich halten Sie dieses Büchlein nicht umsonst in Ihren Händen, viel Kraft für die kommende Zeit,

Ihre *Marion Jettenberger*

marionjettenberger@gmail.com

Hilfen und Unterstützung

„Wo finden wir Hilfe und Unterstützung?“

Sterbebegleitung ist Lebensbegleitung, im Grunde eine Wegbegleitung, bis an die für uns unsichtbare Grenze des Lebens. Die wichtigste Aufgabe ist es, die Leiden des Sterbenden zu lindern und ihn bis dorthin zu begleiten, ganz im Sinne des palliativen und hospizlichen Gedankens.
Nicht selten bedarf es hier auch Hilfe und Unterstützung – doch wo finde ich diese Hilfen?
Inzwischen haben wir ein sehr gutes Netz an ambulanten und stationären Hilfen am Lebensende, wie das nachfolgende Schaubild aufzeigt.

Netzwerk der Hospiz- und Palliativversorgung

Wer kann helfen?

ambulanter Hospizdienst / Hospizverein	**stationäres Hospiz**	**Palliativstation**	**SAPV Teams**
unterstützen Zuhause, in Pflegeheimen, in Kliniken, beraten und begleiten, dort wo Menschen sterben, mit ehrenamtlich geschulten Helfern und Palliativfachkräften	*Sicherheit, Zuwendung, Pflege, rund-um-die-Uhr-Begleitung und Geborgenheit bis zuletzt*	*Versorgungseinheit palliativmedizinischer Fachrichtung in einer Klinik, unterscheidet sich von den anderen Stationen im Krankenhaus, auch durch eine wohnlichere Gestaltung und einen höheren Personalschlüssel*	*Beratung, Koordination und Symptombehandlung Zuhause, durch Fachpflegekräfte und Palliativmediziner, nach Verordnung durch den Hausarzt*

Ambulanter Hospizdienst / Hospizverein

Die ersten Hospizdienste entstanden in Deutschland in den 80er Jahren als ein ehrenamtliches, bürgerschaftliches Engagement von Menschen, die den Umgang mit Sterben und Tod, bisher nämlich nur am Rande der Gesellschaft, verändern wollten. Hospizbegleiter*innen begleiten Schwerkranke und Sterbende sowie deren An- und Zugehörige, ob in der eigenen Häuslichkeit, im Pflegeheim oder auch im Krankenhaus, um zu entlasten. Sie schenken Zeit, sind da für Gespräche, für letzte Wünsche, um gemeinsam auf das Leben zurückzublicken. Sie sind offen dafür, was die Zu-Begleitenden brauchen und wünschen.

Hospizdienste werden von den Krankenkassen bezuschusst, aber hauptsächlich über Spenden finanziert. Die Beratung und Begleitung ist für die Betroffenen kostenfrei. Die DGP (Deutsche Gesellschaft für Palliativmedizin) hat alle Hospizdienste in einem Wegweiser aufgeführt, sicherlich finden Sie auch einen Dienst in Ihrer näheren Umgebung. Den Kontakt zur DGP und weitere hilfreiche Adressen finden Sie am Ende dieses Buches auf Seite 77.

Stationäres Hospiz

Hospize sind kleine Pflegeeinrichtungen mit familiärem, wohnlichem Charakter, die unheilbar Kranke in ihrer letzten Lebensphase ganzheitlich begleiten und betreuen. Das stationäre Hospiz richtet sich an Menschen, deren ambulante Versorgung zu Hause auch mit externer Unterstützung, wie Hausarzt, Pflegedienst, SAPV-Team und ambulanter Hospizdienst, auf Grund einer schweren Symptomlast nicht mehr gewährleistet werden kann. Die Kosten trägt zum Teil die Krankenkasse, teilweise auch die Pflegekasse und der Hospizträger. Patienten müssen nichts hinzuzahlen. Ein Hospizaufenthalt muss von einem Arzt beantragt und vom MDK (= medizinischen Dienst der Krankenkassen) genehmigt sein. Hospize haben leider oft lange Wartelisten, weshalb man sich frühzeitig dort vormerken sollte. Informationen über stationäre Hospize in Ihrer Umgebung finden Sie im Wegweiser der DGP oder auch bei Ihrer Krankenkasse.

Spezialisierte ambulante Palliativversorgung (SAPV)

Wenn die hausärztliche Versorgung nicht mehr ausreicht, kann Ihr Hausarzt eine Verordnung für eine *spezialisierte ambulante Palliativversorgung* ausstellen und erhält dann Unterstützung von einem sogenannten SAPV-Team. Dieses Team ist multiprofessionell, bestehend aus hauptamtlichen Palliativmedizinern und Palliativfachkräften. Sie stehen 24 Stunden zur Verfügung und sollen so unnötige Krankenhauseinweisungen vermeiden und ein Sterben zu Hause, in den eigenen vier Wänden, mit ausreichend Schmerztherapie und Begleitung ermöglichen. Jeder Versicherte hat einen Anspruch auf diese Leistung und es entstehen den Erkrankten keine Kosten.

Palliativstation

Eine Palliativstation ist eine Abteilung in einem Krankenhaus, in welche Schwerstkranke und Sterbende aufgenommen werden, die nicht zu Hause oder im Pflegeheim behandelt werden können. Ziel ist es, Symptome wie z.B. Atemnot, Schmerzen oder Unruhe zu lindern. Die durchschnittliche Verweildauer liegt hier etwa bei 14 Tagen. Bei Entlassung wird der Sozialdienst – je nach Bedarf – die Folgebetreuung, meist mit ambulanten

Hospizdiensten, SAPV-Team, einem Hospiz oder Pflegeheim regeln. Die stationäre Versorgung auf einer Palliativstation ist eine Kassenleistung, für den Betroffenen entstehen keine Kosten.

Veränderung am Ende des Lebens

„Auf was müssen wir uns einstellen?“

Der Weg des Sterbens ist für jeden Menschen einzigartig und verschieden. So individuell das Leben, so einzigartig auch das Sterben eines Menschen. Trotzdem gibt es verschiedene Veränderungen, wie sie bei vielen Sterbenden zu beobachten sind. Die Zeichen, die darauf hindeuten, dass ein Leben zu Ende geht, können wir grob in 3 Bereiche einteilen.

1. Veränderungen im körperlichen Bereich
2. Veränderungen des Bewusstseins und
3. Veränderungen im zwischenmenschlichen Kontakt

Körperliche Veränderungen

Essen und trinken

Viele fragen sich, ob es normal ist, dass Sterbende nichts mehr essen wollen. Denn wir verbinden Essen immer mit Fürsorge und Pflege und spüren dann eine große Hilflosigkeit, wenn der Sterbende dies ablehnt. Doch eine unnötige Ernährung würde den Sterbenden nur zusätzlich belasten. Weiter kann es sein, dass der Sterbende kaum noch Durst hat. Und auch hier ist ein Weniger ganz im Sinne der Palliativversorgung. Denn durch zu viel Flüssigkeit können Hände und Füße anschwellen, manchmal sammelt sich überschüssige Flüssigkeit auch in der Lunge, was wiederrum zu einer erschwerten Atmung führen kann. Ein wichtiger Grundsatz lautet jetzt:

Der Mensch stirbt nicht,
weil er nicht isst und trinkt,
sondern er isst und trinkt nicht mehr,
weil er stirbt.

Erinnern Sie sich an Ihre letzte Erkältung oder Grippe mit Fieber? Da ist der Körper ebenfalls mit etwas anderem beschäftigt und hat weder Appetit noch Hunger, auch schmeckt alles gleich oder nach nichts. **Stattdessen ist eine palliative Mundpflege, das heißt ein Anfeuchten der Lippen und des Mundes, vielleicht das Wichtigste, was Sie jetzt für den Sterbenden tun können**, denn dies lindert das Durstgefühl mehr als alle anderen Maßnahmen. Hier kann man kreativ werden und den Mund regelmäßig mit dem Lieblingsgetränk, ob Cola, Bier,

Wein usw., befeuchten. Eine Anleitung hierzu finden Sie auf Seite 67.

Vorteile, wenn Sterbende das Essen und Trinken einstellen

- Verminderung von Flüssigkeitsansammlungen in den Extremitäten, dadurch u.a. weniger spannende und schmerzende Haut
- vermehrte Endorphin-Ausschüttung und somit natürliche Schmerzlinderung sowie Wohlbefinden
- weniger Übelkeit und dadurch weniger Erbrechen
- Entlastung des Verdauungstrakts, weil weniger Durchfälle oder Verstopfung
- Entlastung der Nieren
- Verminderung der Schleimproduktion in den Atemwegen, somit auch weniger Hustenreiz, weniger Rasseln und weniger Atemnot.

Von künstlicher Ernährung oder Flüssigkeitsgabe ist im Sterbeprozess abzuraten, weil dies mehr „Schaden" als „Nutzen" mit sich bringt. Weitere Infos hierzu auf Seite 43 bei „Schwierige Entscheidungen am Lebensende".

Atmung

Häufig verändert sich der Atem, indem er zum Beispiel schneller wird oder viel langsamer. Oder es entstehen lange Pausen zwischen den Atemzügen, in denen wir dann denken, dass es bereits der letzte Atemzug ist. Beim Ausatmen kann eine Art pusten oder Töne entstehen und der Atem kann unregelmäßig werden. In den letzten Stunden des Lebens kann ein rasselndes oder gurgelndes Geräusch auftreten. Dies entsteht durch Schleimabsonderungen, die der sterbende Mensch nicht mehr selbst abhusten oder schlucken kann. Für Begleiter kann es ein sehr beunruhigendes Geräusch sein, weil man den Eindruck bekommt, der Sterbende drohe zu ersticken. Doch aus der Erfahrung wissen wir, dass er unter dieser Rasselatmung nicht leidet, es gehört einfach zum körperlichen Sterbeprozess hinzu. Eine Oberkörperhoch- und leichte Seitenlagerung des Kopfes kann bereits zum Nachlassen des lauten Atemgeräusches führen und auch der Schleim kann besser abfließen. All diese Veränderungen des Atmens können kommen und gehen, manchmal kann ein Mensch auch tagelang so atmen, dass man meint, jeder Atemzug wäre der letzte. Von einem Absaugen, wie man es früher gemacht hat, wird inzwischen dringend abgeraten. Es ist nämlich eher quälend und führt nur zur Neuproduktion der Sekrete, daher ist es wenig sinnvoll.

Schmerzen

Häufig haben Menschen am Lebensende auch körperliche Schmerzen. Doch Dank der Palliativmedizin kann Sterbenden heute sehr gut geholfen werden, um diese zu lindern. Wichtig ist, rechtzeitig und gemeinsam mit dem Hausarzt oder auch mit einem Palliativteam einen Plan zu erstellen. Ein festgelegter Medikationsplan ist die Basis zur Behandlung, ebenso ein zusätzlicher Bedarfsplan und Notfallplan, denn viele Sterbende und auch Angehörige fürchten sich viel mehr vor unerträglichen Schmerzen als vor dem Tod selbst.
Auf Seite 51 finden Sie die bewährtesten Medikamente zur Symptomkontrolle in der Sterbephase.

Neben der ärztlich verordneten medikamentösen Therapie helfen selbstverständlich auch Nähe, Zuwendung sowie

begleitende Therapien aus der Komplementärmedizin.

Sehr gute Erfahrungen habe ich mit der Aromatherapie gemacht, da die ätherischen Öle auf 2 Ebenen wirken – psychisch und physisch.

Bei Schmerzen hat sich folgende Mischung bewährt:

50 ml Johanniskrautöl
5 Tropfen Cajeput
5 Tropfen Lavendel
5 Tropfen Mandarine

Die Öle mit dem Johanniskrautöl als Basisöl sanft verschütteln und dann mehrmals am Tag für eine Rücken- oder Fußmassage verwenden.

Wer nicht selbst mischen mag, kann sich auch ein fertiges Aconit Schmerzöl in der Apotheke besorgen.

Am Ende des Buches, ab Seite 70, finden Sie weitere Infos und Tipps zur Aromatherapie.

An dieser Stelle möchte ich auf das Konzept von Cicely Saunders verweisen, mit ihrem ganzheitlichen Blick auf Schmerzen, siehe Seite 35, denn nicht alle Schmerzen sind körperlich bedingt.

Verändertes Bewusstsein

Fehlende Orientierung und Verwirrtheit

Oft sind Sterbende sehr müde und können nur mühsam aus dem Schlaf geweckt werden. Sie verlieren jegliches Gefühl für Raum und Zeit. Möglicherweise erkennt der Sterbende auch anwesende Personen nicht mehr, was für diese wiederum sehr schmerzlich sein kann. **Trotzdem können Sie sich ganz sicher sein, dass vom Sterbenden vertraute Stimmen bis zuletzt erkannt und gehört werden, auch wenn**

dieser darauf nicht mehr wie gewohnt reagieren kann. Es ist also kein Zeichen von Ablehnung, sondern es bedeutet, dass der Sterbende schon ein bisschen in seiner eigenen Welt lebt und sich Stück für Stück allmählich aus *unserer Welt* nach *drüben* verabschiedet.

Häufig sprechen sterbende Menschen über Ereignisse, Themen und Dinge, die für uns nicht nachvollziehbar sind. Es ist wichtig, dem Sterbenden seine Wirklichkeit nicht auszureden oder diese nur als Halluzination abzutun, sondern als sogenannte Symbolsprache Sterbender ernst zu nehmen. Bleiben Sie da, hören Sie achtsam zu, egal wie verwirrt die Aussagen sein mögen. Nicht selten erschließen sich uns diese zunächst verwirrt wirkenden Aussagen zu einem späteren Zeitpunkt, wenn der zu Begleitende bereits nicht mehr unter uns ist.

Ein berührendes Erlebnis war für mich, als mir eine sterbende Frau ihr Gebiss mit folgenden Worten schenkte: „Ich benötige es nicht mehr, aber Sie sind jung und müssen sich noch lange durchs Leben durchbeißen!“ Wenige Stunden später verstarb sie. Erst dann verstand ich ihre Botschaft, ihren Wunsch an mich.

Unruhe

Nicht selten tritt in der letzten Lebensphase auch Unruhe auf. So kann es zum Beispiel sein, dass die Angst vor der Ungewissheit, was danach kommt, oder auch die Sorge über das Zurücklassen der liebsten Menschen große Ängste und Unruhe auslösen. Dies zeigt sich manchmal, indem der Sterbende an seiner Kleidung oder der Bettwäsche zupft, er sich kratzt, ziellose Arm- und Beinbewegungen macht, immer wieder auszustehen und wegzugehen versucht, nach Menschen ruft, die vielleicht schon verstorben sind, oder sich an eine Hand oder ein Kissen klammert.

In solchen Momenten ist es wichtig, den Menschen das Gefühl zu geben, nicht allein zu sein, sich ihm zuzuwenden, Nähe zu schenken. Hier können auch ehrenamtliche Hospizbegleiter und Begleiterinnen, die extra dazu ausgebildet sind, helfen und unterstützen.

Auch hilft es, dem Sterbenden etwas in die Hand zu geben, z.B. einen Handschmeichler, den geliebten Teddybären, ein kleines eingerolltes Handtuch, denn vor dem letzten Loslassen kommt manchmal noch ein Festhalten, ein Bedürfnis nach Halt. Auf Seite 70 finden Sie Rezepte aus der Aromatherapie, u.a. gegen Unruhe und Angst.

Angst

Manchmal haben Menschen in Todesnähe auch Angst. Sprechen Sie das unbedingt mit dem Arzt ab, er kann Ihnen hierzu hilfreiche Medikamente verschreiben. Begleitend habe ich hier gute Erfahrungen mit der Aromatherapie gemacht. Ätherische Öle wirken direkt auf das limbische System, also den Teil des Gehirns, in dem Gefühle wie Angst gesteuert werden. Auf diese Weise können die Düfte das Nervensystem innerhalb weniger Momente beruhigen, Ängste lindern und das innere Gleichgewicht unterstützen.

Besonders hilfreich kann hier die Orangenblüte – Neroli sein. Es kann ganz einfach auf ein Wattepad geträufelt und mit einem Abstand von wenigen Zentimetern vor der Nase ein wenig hin und her bewegt werden. So kann man es inhalieren, etwa 5 Min. bei entspannter, ruhiger Atmung. Alternativ kann man es auch in eine Duftlampe geben. Weitere Tipps zu ätherischen Ölen ab Seite 70.

Bewusstlosigkeit / Koma

Auch wenn manche Menschen in den letzten Tagen irgendwie bewusstlos wirken oder nicht mehr ansprechbar sind, ist es mir ganz wichtig, **dass jeder Mensch bis zuletzt ansprechbar ist. Der Sterbende kann sich vielleicht nicht mehr auf die gewohnte Art äußern, spürt jedoch durchaus Ihre Gegenwart und Ihre Zuwendung. Reden Sie in der Gegenwart eines Sterbenden also immer so, wie Sie mit ihm reden würden, wenn er voll bei Bewusstsein wäre.** Begrüßen Sie ihn, nennen Sie ihn bei seinem Namen, berühren Sie ihn an der Hand oder Schulter und sagen Sie all das, was Sie noch mitteilen wollen. Ob ein *ich liebe dich*, ein *ich wollte mich bei dir bedanken* oder auch ein *es tut mir leid.* Zeigen Sie immer wieder durch Berührung, dass Sie da sind und ihn begleiten.

Zwischenmenschliche Veränderungen

Rückzug vom Leben

In der letzten Lebensphase zieht sich ein sterbender Mensch mehr und mehr aus der Außenwelt zurück, er schläft viel und möchte vielleicht auch nur noch wenige vertraute Menschen um sich haben. Doch auch wenn er immer weniger das Bedürfnis hat zu sprechen, weil Worte ihre Wichtigkeit verlieren und er sich mehr und mehr nach innen wendet, seien Sie einfach da. **Auch oder gerade gemeinsam schweigen und beisammen sitzen kann dann sehr wertvoll und tröstlich sein.**

Bedürfnis alleine zu sein

Immer wieder berichten mir Begleiter, dass sie das Sterbebett ihres Zu-Begleitenden nicht verlassen möchten. Doch wissen wir inzwischen, dass Sterbende oft das Bedürfnis haben, ganz allein zu sein. Deshalb ist es wichtig, kleine Zeitfenster des Alleinseins zu ermöglichen. Es kann sein, dass genau in diesem Moment das Leben zu Ende geht. Viele machen sich deshalb dann Vorwürfe und haben Schuldgefühle, wenn sie im Augenblick des Todes nicht für den Sterbenden da waren. Doch die Erfahrung zeigt, dass Sterbende häufig auch erst dann gehen können, wenn sie allein sind, weil es vermutlich leichter ist, sich endgültig zu lösen, wenn sie niemand mehr „festhält". Andere wiederrum warten oft tagelang, bis noch einmal ein Familienangehöriger oder Freund zum Abschied kommt und können erst dann gehen. Beides müssen wir im Blick behalten und ermöglichen.

Kommunikation / Symbolsprache

Auch die Kommunikation verändert sich, so spricht der Sterbende mehr und mehr in Bildern, irgendwie verschlüsselt, was man die *Symbolsprache Sterbender* nennt. Beispielsweise *„ich muss nach Hause"* oder *„der Tunnel führt in ein helles Licht"* oder *„ich muss noch packen"* oder etwas Ähnliches. Auch wenn uns dies nicht logisch erscheint, ist es Ausdruck der Innenwelt des Sterbenden, so wie er diese ganz neue Reise ins Jenseits verarbeitet. Manche Menschen können in der Nähe des Todes, in ihren letzten Wochen und Tagen „noch hier" und zugleich „schon woanders" sein. Ihre Welt scheint wie „ver-rückt". Andere wieder sind bis zuletzt bei klarem Bewusstsein oder dämmern nur noch vor sich hin.

Berührung statt Worte

Manchmal fragen wir uns, wie wir den Sterbenden noch erreichen können, ob wir ihn berühren sollen und dürfen. Wenn die verbale Kommunikation mit dem kranken Menschen weniger wird oder auch gar nicht mehr möglich ist, können wir durch bewusstes, achtsames Berühren, Streicheln und Handauflegen in Kontakt kommen und so Nähe und Geborgenheit vermitteln. Hilfreich ist hier das Wissen um persönliche Vorlieben, wenn sich der Betroffene nicht mehr dazu äußern kann. *Mochte der Mensch vorher schon Berührungen? Was war ihm vielleicht unangenehm und zu nahe, was nicht?* Achten Sie bei der Berührung darauf, wie der Berührte reagiert. Wenn Sie hinspüren und beobachten, merken Sie schnell, wenn sich z.B. der Atem oder die Muskelspannung dadurch verändert. So können Sie abschätzen, ob eine Berührung als angenehm oder unangenehm empfunden wird.

Letzte Wünsche / Bedürfnisse ermöglichen
Manche Sterbende haben noch letzte Wünsche und Bedürfnisse, die wir im Rahmen der Begleitung stillen können; sei es der Abschied von einem bestimmten Familienmitglied oder einem Freund. Vielleicht gibt es auch das Bedürfnis, noch Streitigkeiten beizulegen und Frieden zu schließen. Manche Sterbende möchten ihr Haustier – den Hund, die Katze, das geliebte Pferd – sehen, um sich verabschieden zu können. Auch die Bitte nach einem Gespräch, Gebet oder Segen von einem Geistlichen/ Seelsorger oder Ähnliches ist möglich. Hören Sie einfach hin, was noch gebraucht und gewünscht wird und ermöglichen Sie es soweit als möglich. Manche Patienten können erst dann die Augen für immer schließen.

Gute Erfahrungen habe ich auch mit dem Projekt „Wünschewagen“ machen dürfen, um „letzte Wünsche zu wagen“. Adressen hierzu finden Sie ab Seite 77.

Sterbeprozess und Sterbephasen nach Kübler-Ross

Viele Forscher haben sich mit dem Thema Sterben beschäftigt und versucht, dieses in Phasen einzuteilen. Das bekannteste Modell stammt von der Sterbeforscherin und Psychiaterin Elisabeth Kübler-Ross, mit den 5 Phasen des Sterbens. Das Wissen um diese Sterbephasen kann dem Begleiter helfen, darf jedoch niemals als statisches „Ablaufprogramm“ angesehen werden.
Kübler-Ross hat in Gesprächen mit Sterbenden 5 Phasen des psychischen Erlebens beobachtet:

Leugnen / Nicht-Wahrhaben-Wollen

„Nein, das kann gar nicht sein – nicht ich!“

Der Betroffene leugnet und negiert seine lebensverkürzende Erkrankung, den bevorstehenden Tod, ist von seiner Diagnose geschockt und wirkt wie gelähmt.

Zorn

„Warum ich? Nein! Das darf nicht sein! Ich möchte noch so viel tun und erleben!“

Der Sterbende hat mit aufbrechenden Emotionen, vor allem Wut und Zorn, zu kämpfen.

Verhandeln

„Wenn ich das doch überlebe, dann...!“

Der Betroffene versucht, mit Gott und der Welt, dem Arzt, seinem Glauben an etwas Höheres zu verhandeln, wenn er denn nur noch weiter oder wenigstens bis Tag X leben könnte.

Depressionen

„Ich bin unendlich traurig, sterben zu müssen!"

Es beginnt eine Zeit des Trauerns, des Bewusstwerdens, dass das Leben bald zu Ende gehen wird.

Zustimmung

„Ich habe mein Leben gelebt, bin mit mir im Reinen... Jetzt muss ich wohl sterben."

Im Idealfall stimmt der Sterbende zu, indem er sich nicht nur mit dem Tod abfindet, sondern nach den Phasen des Ringens, dem Zorn und der Depression mit sich im Reinen versterben darf.

Diese Phasen müssen nicht zwangsläufig nacheinander ablaufen. Es kann sein, dass der Betroffene eine Phase überspringt, eine Phase nicht durchlebt oder in eine Phase zurückfällt, denn jeder Mensch stirbt seinen eigenen, ganz individuellen Tod. **Der bestmögliche Umgang mit den einzelnen Phasen besteht im verständnisvollen und urteilsfreien Annehmen, SO wie es in diesem Moment eben ist, und im Begleiten.**

Ganzheitliche Versorgung von Schmerzen nach Cicely Saunders

„Vielleicht sind es gar keine körperlichen Schmerzen?"

Das Total-Pain-Modell von Cicely Saunders, der Pionierin der modernen Hospizbewegung, will verdeutlichen, dass Schmerz ein multidimensionales Geschehen ist, welches den ganzen Menschen erfasst. Die einzelnen Schmerzqualitäten bestehen gleichzeitig und beeinflussen sich gegenseitig.

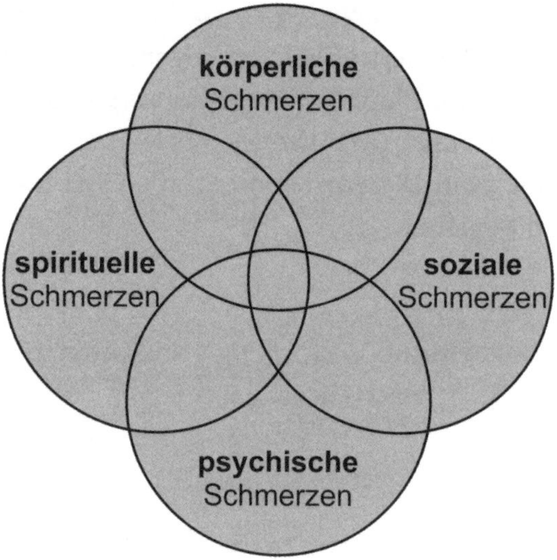

Die von Saunders beschriebenen Schmerzdimensionen sind:

- **Die physische Dimension** – der körperliche Schmerz / das körperliche Leid *(z.B. Wundschmerz, Übelkeit, Erbrechen, Nebenwirkungen, Fortschreiten der Erkrankung)*

- **Die psychische Dimension** – der seelische Schmerz / das seelische Leid *(z.B. Trauer, Wut, Stress, Depression, Angst, Verlustschmerz, Biografie-Wunden)*
- **Die spirituelle Dimension** – der existentielle Schmerz / das existentielle Leid *(z.B. Glaubens- und Sinnkrisen, Hadern mit dem Schicksal, alle quälenden Warum-Fragen, Angst vor dem Unbekannten und der Frage: Was kommt danach?)*
- **Die soziale Dimension** – der soziale Schmerz / das soziale Leid *(z.B. Einsamkeit, Rollen- und Statusverlust, ungeklärte, offene Konflikte, Sorge um die Zukunft der zurückgelassenen Lieben)*

Die Herausforderung für alle Begleiter, ob Pflege, Medizin oder Seelsorge, aber auch für die An- und Zugehörigen, besteht darin, **diese Vielschichtigkeit des Schmerzes und Leides ernst zu nehmen,** zu erkennen und mit auszuhalten, zu lindern und um die Sterbenden adäquat zu begleiten.

Was wir tun können, wenn wir denken, nichts mehr tun zu können

„Was können wir jetzt noch tun?"

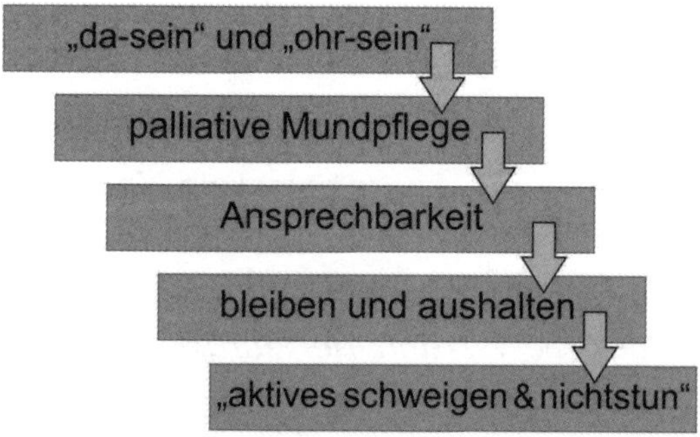

DA-sein und Ohr-sein

Dieses Da- und Ohr-sein meint, dass der Begleitende lauscht, was der Sterbende hier und jetzt noch braucht, auch wenn

er dies leiser oder nur noch nonverbal zum Ausdruck bringen kann.
Für die meisten Sterbenden ist es ein großes Geschenk, wenn die wichtigen und vertrauten Menschen seines Lebens ihn im Sterben nicht alleine lassen. Dabei spielt das Da-sein und Ohr-sein meist eine viel größere Rolle als das gesagte Wort. Und was wichtiger als das Reden ist: einfach da sein, ganz da sein.

Palliative Mundpflege

Die Mundpflege stellt in der Palliativversorgung eine der wichtigsten Tätigkeiten sodar, denn sie lindert das Durstgefühl sowie die Mundtrockenheit, was häufig als sehr unangenehm wahrgenommen wird. Mit 2, 3 kleinen Handgriffen können Sie Mund und Lippen befeuchten und so Leiden mindern und Wohlbefinden schenken. Siehe dazu auch die Anleitung auf Seite 67. **Meines Erachtens ist die** palliative Mundpflege einer DER Liebesdienste am Sterbebett.

Hin-Lauschen

Ist da noch was?

Nicht selten gibt es letzte Wünsche oder etwas, was noch geregelt oder befriedet werden will und muss. Seien Sie wirklich einfach offen, lauschen Sie auch zwischen den Zeilen und auf die leisen Zwischentöne.

Immer wieder erlebe ich, wie Belastendes zuletzt noch Ausdruck finden darf, wie eine Art Beichte am Sterbebett ist es, wenn wir Begleiter genau hin-hören und lauschen. Aber auch positive Dinge wie eine dankbare, zufriedene Lebensbilanz möchten noch gesagt und gehört werden.

Ansprechbarkeit

Viele Begleiter sind sich unsicher und fragen sich: *Was nimmt ein sterbender*

Mensch wahr? Merkt er überhaupt, dass jemand in der Nähe ist? Hört er oder sie, was wir ihm sagen? Spürt er die Berührungen? Sieht er noch etwas, obwohl sein Blick schon so weit in die Ferne gerichtet ist? **Ich möchte Mut machen. – Sprechen Sie mit dem Sterbenden genau so, als würde er alles verstehen, reden Sie so wie immer mit ihm.**

Bleiben und aushalten

Es ist so wichtig, einfach nur da zu bleiben und auszuhalten, beizustehen, Halt zu geben und zu schenken. Berühren Sie den Sterbenden dabei vorsichtig, aber halten Sie ihn dabei nicht fest. Sie werden spüren, ob er Berührung als angenehm oder unangenehm empfindet. Gerne sagen Sie ihm auch: ***„Ich bin da und ich bleibe bei dir."*** Dies gibt Halt und schenkt dem Betroffenen Mut und Trost.

Aktives Schweigen und Nichts-tun

Wichtig ist auch das aktive, bewusste Nichts-tun und das bewusste, aktive Schweigen. Nehmen Sie sich einen Stuhl und setzen Sie sich ans Bett des Sterbenden. Die Nähe und Ihre Präsenz wird der Sterbende spüren, auch ohne dass Sie etwas tun oder sagen. Manchmal ist schweigen einfach Gold und so viel mehr wert als viele Worte – genauso wie ein bewusstes Nichtstun und ein Einfachdasein so viel mehr wert sein kann in dieser letzten Lebensphase.

Weiter können wir dem Sterbenden, **vorausgesetzt wir kennen seine Vorlieben und beobachten genau, ob es in dem Moment auch als angenehm empfunden wird,** seine Lieblingsmusik abspielen oder auch Lieblingstexte vorlesen.

Schwierige Entscheidungen am Lebensende

Die moderne Medizin stellt uns immer häufiger vor schwierige ethische Entscheidungen. Es geht dabei oft um die Frage, ob lebenserhaltende Behandlungen am Lebensende noch durchgeführt werden sollen oder nicht. Die Betroffenen sind selbst unfähig, diese Entscheidung für sich zu treffen und haben diese vorher leider auch nicht in einer Patientenverfügung festgehalten.

Dabei geht es um Fragen wie:

- *Soll eine PEG-Sonde gelegt werden? Ja oder nein?*
- *Soll die Ernährung über die Sonde eingestellt werden?*
- *Soll beatmet werden oder soll die Beatmung eingestellt werden?*
- *Soll im Notfall reanimiert werden?*

- *Soll eine Antibiotikatherapie begonnen oder beendet werden?*
- *Soll künstlich Flüssigkeit / Ernährung zugeführt werden?*
- *Soll mit einer Dialyse begonnen oder die begonnene beendet werden?*
- *Soll (z.B. ein Bein) amputiert werden oder soll es einfach gelassen werden?*
- *Ist eine palliative Sedierung gewünscht?*
- *... und viele weitere Themen.*

Dabei geht es immer um ein Dafür, Dagegen oder auch ein Einstellen der Therapie, sodass das Sterben möglich wird.
Die Beteiligten fühlen sich überfordert bis ohnmächtig, weil sie in der Dilemma-Situation nicht wissen, wie sie sich entscheiden sollen. Was ist das geringere Übel für den Betroffenen? Leider hat man zuvor nie drüber gesprochen.
Holen Sie sich Unterstützung! Es ist so wichtig, dass eine mitunter belastende

Entscheidung niemand alleine treffen muss.

Hilfe und Unterstützung können Hospizdienste, Seelsorger, Mediziner, SAPV-Teams sowie in Kliniken auch ein Ethik-Komitee geben.

Anzeichen des bevorstehenden Todes

„Wie erkenne ich, dass es zu Ende geht?"

Viele Begleiter fragen sich, wie sie den nahenden Tod erkennen können.

Wenn der Mensch sich in den letzten Tagen oder Stunden vor seinem Tod befindet, zeigen sich häufig nachfolgende beobachtbare Anzeichen:

- Der Kreislauf verändert sich.
- Der Puls wird schwächer.
- Die Atmung kann sich bereits verändern, das Atemmuster wird eventuell anders.

- Vielleicht stellen sich rasselnde Atemgeräusche ein.
- Das Bewusstsein kann sich ändern, etwas eintrüben.
- Der Sterbende wirkt immer weniger erreichbar, kontaktierbar, ist jedoch immer ansprechbar, wenn auch schläfrig.
- Vielleicht wird der Sterbende unruhig, verwirrt und er zeigt oder äußert unter Umständen auch Angst.

Die letzten Tage und Stunden

„Wie viel Zeit bleibt noch?“

Oft werde ich gefragt, wie viel Zeit denn noch bleibt. Eine genaue Antwort darauf kann niemand geben. Allerdings gibt es einige aus der Erfahrung gewonnene Anzeichen, die darauf hindeuten können, dass der Tod nun ganz nahe sein könnte:

- Die Augen wirken eingefallen und tiefer, dadurch wirkt die Nase auch irgendwie spitzer.
- Der Mund steht offen, weil die Muskulatur schlaffer wird.
- Die Gesichtsfarbe ändert sich etwas ins Gräuliche, besonders im Bereich um Mund und Nase.
- Der Blick wirkt irgendwie weit weg, die Pupillen reagieren immer weniger auf Licht.
- An der Körperunterseite, an den Händen und Füßen bilden sich häufig dunkle Flecken.
- Der Puls wird immer schwächer.
- Die Atempausen werden immer länger.
- Wenn Herzschlag und Atem aufhören, tritt der Tod ein.
- Auf den anscheinend allerletzten Atemzug können manchmal noch ein oder zwei weitere folgen.

Letzte Worte:
Manche Sterbende kämpfen lange, scheinen irgendwie nicht *„gehen zu können“*. Ihnen können Sie vielleicht mit einem *„Alles ist gut, du darfst deine Augen nun gerne für immer schließen“* helfen. Darauf weise ich nicht selten Angehörige hin, die eine spürbar tiefe und enge Verbindung zueinander haben. Auf Seite 76 finden Sie einen Text, den Sie, um den Sterbenden „freizugeben“ individuell anpassen und dann vorlesen können.

Medikamentöse Behandlung

In den letzten Lebenstagen bis -wochen können viele Medikamente abgesetzt werden. Für eine gute palliativmedizinische Behandlung ist die Symptomkontrolle wichtig. Sie hat das Ziel, die Lebensqualität möglichst zu erhalten oder zu verbessern. Es können Symptome wie z.B. Angst, Unruhe, Atemnot, Übelkeit, Erbrechen und Schmerzen auftreten und gut behandelt werden. Bei der Wahl der Darreichungsform muss man beachten, dass die Einnahme oraler Präparate zunehmend schwerfällt, hier gibt es entsprechende andere Lösungen.

Medikamente in der Sterbephase

Viele Menschen haben auch im Sterben keine therapiebedürftigen Symptome und brauchen daher auch keine Medikamente. Falls doch, haben sich nachfolgende Medikamentengruppen bewährt:

- Opioide, z.B. Morphin -> bei Schmerzen und / oder Atemnot

- Benzodiazepine, z.B. Midazolam -> bei Angst, Unruhe oder zur (leichten) Sedierung
- Antipsychotika, z.B. Haloperidol -> bei Übelkeit oder Erbrechen sowie bei Delir
- muskarinerge Anticholinergika, z.B. Butylscopolamin -> bei Rasselatmung

Symptom / Indikation	**Medikament**
Schmerzen	Morphin
Atemnot	Morphin, Midazolam
Unruhe (Sedierung)	Midazolam, Lorazepam, Morphin
Übelkeit	Haloperidol, Dimenhydrinat, Ondansetron, Dexamethason
Rasselatmung	Glycopyrrolat, Butylscopolamin

Hinweis zur Tabelle: Dies ist nur ein grober Überblick. Sprechen Sie mit Ihrem

Haus- oder Facharzt und auch Apotheker. Beachten Sie auch die vielen wertvollen, nicht-medikamentösen und komplementären Möglichkeiten der Symptomkontrolle.

Noch zur Rasselatmung

In der Sterbephase kommt es oft zu einer Rasselatmung, die auch als „death rattle" bezeichnet wird. Ursache ist, wie bereits erwähnt, die Sekretansammlung in den Atemwegen, bedingt durch eine reduzierte Schluckreaktion.

Wichtig zu wissen:

Die Rasselatmung belastet die meisten Sterbenden mutmaßlich nicht, oft jedoch die besorgten Angehörigen / Begleiter. Doch: Rasselatmung bedeutet nicht gleich Atemnot, sondern ist ein Zeichen des Sterbeprozesses. Ich sage immer: So wie die Geburt am Anfang des Lebens

nicht geräuschlos vonstattengeht, ist es nun auch am Lebensende nicht ganz leise. Ein Absaugen würde den Schleim nur erneut stimulieren und eine „Neuproduktion“ provozieren. Medikamentös können Anticholinergika zum Einsatz kommen, welche jedoch auch unter Palliativmedizinern umstritten sind.
Ich empfehle lediglich eine seitliche Lagerung. Bei Bedarf entferne ich dann auf der tiefer liegende Backenseite mit einer Kompresse überschüssige Sekrete.

Noch zur Mundtrockenheit

Ein häufiges Problem am Lebensende ist die Mundtrockenheit, welche das Wohlbefinden stark mindert und das Sprechen, Kauen, Schlucken und Atmen erschweren kann. Ursachen sind oft Nebenwirkungen von Medikamenten, die zur Symptomkontrolle eingesetzt werden (z.B. Opioiden, Antidepressiva und Antipsychotika). Und in der Sterbephase wird sie zusätzlich durch die typische offene Mundatmung verstärkt.

Wichtig! Mundtrockenheit sollte mit Mundpflege und NICHT mit zusätzlicher Flüssigkeitsgabe gelindert werden. Denn damit würde ein Teufelskreis an Wassereinlagerungen, erneuter Schleimproduktion in den Atemwegen sowie verstärktem Rasseln beginnt.

Rituale nach dem Sterben

Nachdem Ihr Freund, Ihr Zu-Begleitender oder ihr Angehöriger verstorben ist, lassen Sie sich Zeit, um bewusst Abschied zu nehmen und um zu begreifen, was geschehen ist.

Tun Sie es ganz auf Ihre Weise! Einige Möglichkeiten zeige ich hier auf:

Fenster öffnen

Viele Menschen öffnen intuitiv das Fenster. Früher wurde dies getan, damit die Seele hinausgehen kann. Es kann ein Ritual sein, welches zu begreifen hilft, was geschehen ist, nämlich dass dieser Mensch gestorben ist und hinübergeht.

Entschleunigen – langsam machen

Wenn der Mensch verstorben ist, steht plötzlich die Zeit still. Erlauben Sie sich zu entschleunigen, innezuhalten, Abschied zu nehmen. Vielleicht ist auch eine Aufbahrung des Verstorbenen möglich.

Anfassen

Um etwas zu begreifen, ist es am besten, es anzufassen. Spüren Sie die Hand, das Gesicht und / oder den Körper des Verstorbenen, spüren Sie, wie er kälter wird. Vielleicht wollen Sie ihn auch waschen und ankleiden – ein letzter Liebesdienst für viele Begleiter.

Weitere Rituale nach dem Tod

- Segen sprechen
- Gebet sprechen
- Aussegnung durch einen Geistlichen
- Bett oder Nachtkästchen schön schmücken
- Kerze entzünden *(Auf Seite 65 finden Sie dazu einen passenden Text, den Sie lesen oder vorlesen können, während Sie ein Licht entzünden.)*
- letzte Worte sagen
- eine Rose in die Hand des Verstorbenen legen
- ... oder so, wie Sie Ihren Abschied gestalten wollen! Tun Sie es jedoch bewusst!

Notwendige Schritte nach dem Tod

Verstirbt Ihr Angehöriger zuhause, so muss der Hausarzt oder ein Notarzt verständigt werden. Dieser wird den Tod feststellen und die Todesbescheinigung ausstellen. Halten Sie hierzu bitte den Personalausweis des Verstorbenen bereit. Die Todesbescheinigung ist ein wichtiges Dokument, das in der Aufregung nicht verloren gehen sollte.

Danach sollten Sie ein Beerdigungsinstitut benachrichtigen. Dieses informiert Sie über die anstehenden Bestattungsformalitäten und bespricht das weitere Vorgehen.

Im Falle eines natürlichen Todes können Sie bis zur Abholung des Verstorbenen noch 36 Stunden zuhause Abschied nehmen. Erkundigen Sie sich hierzu jedoch beim Bestatter, denn dies ist je nach Bundesland gesetzlich unterschiedlich geregelt.

Vorsorge treffen

„Wie können wir vorsorgen?"

Vielleicht fragen Sie sich auch während der Begleitung – nicht nur für Ihren Zu-Begleitenden, sondern auch für sich selbst –, wie es denn einmal bei Ihnen sein wird und ob Sie rechtzeitig einige Fragen für sich und zur Vorsorge treffen sollten? **Wir können die Zeit im Leben nutzen, um Vorsorge zu treffen für den Fall, dass wir uns irgendwann selbst nicht mehr äußern können,** um selbstbestimmt und würdevoll behandelt zu werden und eventuell auch, um nicht um jeden Preis am Leben erhalten zu werden, sondern um irgendwann auch in Frieden sterben zu dürfen. Auch kann man mitbestimmen, wer für uns spricht, wenn wir es nicht mehr können. Hier gibt es verschiedene Möglichkeiten zur Selbstbestimmung.

Wichtig ist, sich zunächst mit den grundlegenden Fragen auseinanderzusetzen, bevor man irgendwelche Formulare ausfüllt UND diese Überlegungen, Wünsche und Inhalte dann im zweiten Schritt mit den An- und Zugehörigen bespricht.

Nehmen Sie sich Zeit für diese so wichtigen Kern-Fragen:

- *Was ist Ihnen wichtig, wenn Sie an Ihr Lebensende denken?*
- *Wer soll stellvertretend für Sie sprechen und in Ihrem Sinne entscheiden, wenn Sie sich nicht mehr selbst äußern können?*
- *Wo möchten Sie gerne sterben und wo auf keinen Fall?*
- *Wann hat das Leben für Sie noch einen Sinn, wann eher nicht mehr?*
- *Wann und wie lange möchten Sie gerne behandelt werden, wann lieber nicht mehr?*

Heute bieten viele Beratungsstellen und Hospizdienste auch Hilfe beim Ausfüllen der Formulare an. Es ist nicht nötig, diese bei einem Fachanwalt oder Notar auszufüllen. Bei konkreten medizinischen Fragen sprechen Sie am besten Ihren Haus- oder Facharzt an.

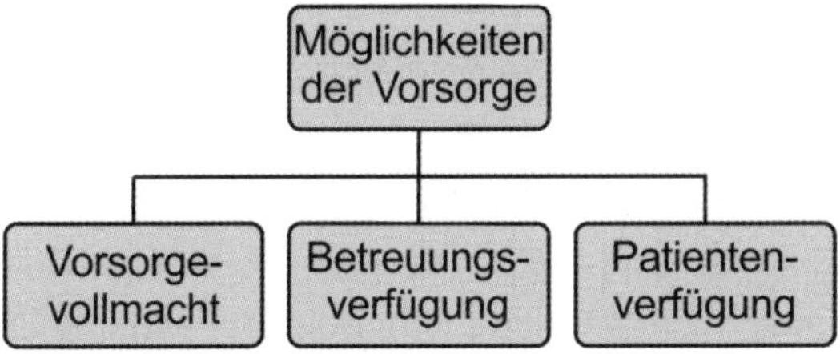

Vorsorgevollmacht

Mit einer Vorsorgevollmacht bestimmt der Vollmachtgeber eine oder mehrere Personen, die für ihn für den Fall entscheiden sollen, falls er selbst einmal nicht mehr in der Lage dazu ist. Bevollmächtigter kann jede volljährige Vertrauensperson sein, wichtig ist nur, dass sich Vollmachtgeber und Bevollmächtigter im

Vorfeld ausführlich über die Wünsche und Angelegenheiten austauschen.

Vollmachten können nachfolgende Bereiche regeln:

- *Gesundheit und Pflege*
- *Einwilligung oder auch Abbruch von ärztlichen Maßnahmen*
- *Behörden und Telekommunikation*
- *Vermögenssorge*
- *Aufenthalt und Unterbringung*

Durch die Unterschrift beider Parteien ist die Vollmacht sofort gültig, der Bevollmächtigte kann jedoch nur Handlungen ausführen und Entscheidungen treffen, wenn er das Original besitzt. Eine Vollmacht sollte man sich beglaubigen lassen, gerade wenn es um Immobilien geht. Für Darlehensgeschäfte empfiehlt sich sogar eine notarielle Beurkundung. Banken haben in der Regel alle ein eigenes Formular und Vorgehen für Bankvollmachten, in der Regel müssen dazu beide Parteien vor Ort in der Bank erscheinen.

Patientenverfügung

In einer Patientenverfügung wird festgelegt, welche Maßnahmen bei bestimmten Erkrankungen und auch im Sterbeprozess durchgeführt werden sollen und welche nicht. Sie ist für den Fall, dass man seinen eigenen Willen nicht mehr bilden und äußern kann. Sinnvollerweise haben Sie für die Umsetzung Ihrer Patientenverfügung auch einen Bevollmächtigten, der Ihre Wünsche und Ihre Verfügung kennt und in Ihrem Sinne handelt und für Sie einsteht. Eine Patientenverfügung ist mit Ihrer Unterschrift gültig und bedarf keiner weiteren Beglaubigung, tritt jedoch erst in Kraft, wenn Sie sich nicht mehr äußern können.

Betreuungsverfügung

Wem eine Vorsorgevollmacht zu weit geht, für den empfiehlt sich eine Betreuungsverfügung. Sie ist ein geeignetes Mittel, wenn Sie zum Beispiel keine geeignete Vertrauensperson haben oder eine neutrale, gerichtliche Kontrolle bei der Regelung Ihrer Angelegenheiten vorziehen. So können Sie dem Gericht eine Empfehlung zukommen lassen, wer für Sie als gesetzlicher Betreuer infrage kommt und wer auf keinen Fall. Der Betreuer wird dann in einem gerichtlichen Verfahren bestellt und muss über alle seine Entscheidungen dem Gericht regelmäßig Nachweise erbringen.

Vorsorgeregister

Im sogenannten Vorsorgeregister der Bundesnotarkammer kann gegen eine Gebühr vermerkt werden, dass es eine Vollmacht gibt, so dass Gerichte dort abfragen können, inwieweit die betroffene Person bereits eine Vollmacht oder Betreuungsverfügung erteilt hat.

Wenn Sie noch tiefer in die Thematik Vorsorge und Patientenverfügung eintauchen wollen, empfehlen wir Ihnen unser Buch „Sprechstunde Patientenverfügung – Fälle, Fragen & Antworten aus der Praxis inkl. Vordruck Patientenverfügung und Formulare“, Marion Jettenberger, ISBN 978-3-95544-135-7.

Nachwort

Hoffentlich konnte ich Ihnen mit diesem kleinen „1 x 1 der Sterbebegleitung" Hilfe und Unterstützung an die Hand geben, denn die Begleitung eines Sterbenden ist keine leichte Sache und kann sehr kräftezehrend sein.

Daher ist es mir zuletzt noch wichtig, Ihnen ans Herz zu legen, dass Sie auf sich achten. Manchmal vergessen Helfer sich selbst, während sie dabei sind, anderen beizustehen. Wichtig ist, dass Sie als Begleiter auch für sich sorgen und Zeit für sich haben, um wieder neue Kraft für die Begleitung zu bekommen.

Lassen Sie sich frühzeitig beraten und von den genannten Diensten entlasten. Schaffen Sie sich Auszeiten und Pausen.

Und nehmen Sie sich nach dem Tod auch ausreichend Zeit, um das Erlebte zu verarbeiten, den Verlust zu betrauern, bevor der Alltag Sie voll wieder im Griff hat.

Helfen können hier auch Abschiedsrituale, um noch einmal dem Begleiteten / Verstorbenen zu gedenken und diese ganze schwere Zeit gut und bewusst hinter sich zu lassen.
In diesem Sinne verabschiede ich mich mit einem meiner Abschiedsrituale, welches ich in den letzten Stunden mit demjenigen oder spätestens nach jedem meiner begleiteten Verstorbenen so durchführe. In einem kurzen, ruhigen Moment entzünde ich ein Abschiedslicht und lese diesen Text, welchen ich selbst geschrieben habe:

Abschiedslicht

Wieder ein Abschied,
ein Abschied für immer.
Wir entzünden eine Kerze für dich,
ein Abschiedslicht.

Ein Licht für dich,
damit du hinüber findest,
damit du Ruhe
und Frieden finden mögest.
Ein Licht für uns,
die wir hier zurückbleiben,
um Abschied zu nehmen,
um dich ganz gehen lassen zu können.

Auch wenn es schmerzt,
so ist es dennoch gut, so wie es ist.
Nun hast du deinen Frieden gefunden
und wer weiß, vielleicht sehen wir uns,
irgendwann dort,
wo auch immer es ist, wieder.

Richten wir unseren Blick noch einmal auf das Licht.
Ein Licht für dich,
ein Licht für uns.
Ein Licht für unsere Herzen,
ein Licht für all unsere Tränen,

ein Licht für unsere bewegten Seelen.
Ein Licht des Abschieds –
Abschied von dir,
aber auch ein Licht des Neubeginns,
ein Neubeginn für uns – nur ohne dich.

Anleitung Mundpflege

Wie geht das mit der Mundpflege?
Im Grunde ist es einfach nur ein regelmäßiges Befeuchten des Mundes mit Hagebuttentee, Wasser, Mineralwasser oder ein Einsprühen von Flüssigkeiten mit Hilfe eines Zerstäubers oder ein Einbringen mit einer Pipette von z.B. kalten Getränken (Orangen-, Apfelsaft, Cola, Bier, Sekt) – je nach Vorliebe.

- Berühren Sie Ihr Gegenüber bei Ansprache und kündigen Sie genau an, was Sie tun werden.

- Beginnen Sie beim Auswischen der Mundhöhle mit Wattestäbchen zunächst zwischen Lippen und Wange. Reinigen Sie dann die Wangentaschen, die Zunge, unter der Zunge, den oberen und unteren Gaumen und die Zähne. Bei Bedarf wechseln Sie die Wattestäbchen.
- Der lindernde Effekt einer palliativen Mundpflege hält nur kurz an, daher ist ein intensives und häufiges Anfeuchten der Mundschleimhaut notwendig, um ein Durstgefühl zu verhindern und Wohlbefinden zu erreichen.
- Die gewählte Flüssigkeit kann ganz den Vorlieben entsprechen, ob Sekt, Bier, Cola, Fanta, Früchte- oder Kräutertee. Manche bevorzugen Butter, die im Mund zergeht, oder etwas Sahne. Eine Mischung aus Honig und

Butter vermittelt ein „Frühstücksgefühl“.

- Beliebt sind auch gefrorene Fruchtstücke (Ananas – auch aus der Dose, Apfel- oder Birnenstückchen) zum Lutschen. Durch die Lutschbewegung wird gleichzeitig die Zunge von Belägen gereinigt. Das ist jedoch nur möglich, wenn sich der Erkrankte daran nicht verschluckt. Bei wahrnehmungsbeeinträchtigten Kranken sollten Sie das Gefrorene in die Mitte einer Kompresse eindrehen, diese dann in den Mund legen und die Enden aus dem Mund hängen lassen, um ein Verschlucken zu verhindern. Viele saugen daran sehr gerne, was ganz nebenbei eine beruhigende Wirkung zu haben scheint.

Anleitung Aromatherapie

Nachfolgend erläutere ich die Heilwirkung und Anwendungsgebiete der ätherischen Öle, wie ich sie im Rahmen der Sterbebegleitung den Betroffenen anbiete.

Olibanum (Weihrauch)

Zum Loslassen, Abschied nehmen

Neroli (Orangenblüte)

wirkt angstlösend, beruhigend, entspannend

Rose

wirkt harmonisierend, erleichternd, antidepressiv

(Rosenöl, als das Öl am Lebensanfang bekannt, wird häufig von Hebammen verwendet und ist aufgrund der ihm nachgesagten „herzöffnenden" Wirkung gleichzeitig DAS Öl für die Sterbebegleitung)

Lavendel
entspannt, beruhigt, wirkt ausgleichend, stress- und angstlösend

Zeder
stärkt und beruhigt bei Nervosität und Unruhe

Melisse
wirkt ausgleichend und erfrischend, beruhigt und entspannt

Benzoe
wirkt beruhigend, harmonisierend

Mandarine
wirkt aufheiternd, entspannend, beruhigend und „umhüllend"

Bergamotte
wirkt stimmungsstabilisierend und aufhellend, aktiviert

Grundrezepte

Sie können die Raumbeduftung mittels einer Duftlampe oder eines Raumsprays vornehmen. Zusätzlich sind Einreibungen, Massagen, Wickel und Auflagen hilfreich und wohltuend.

Duftlampe

Die Anzahl der Tropfen ätherischer Öle hängt von der Raumgröße ab. Für eine „normale" Raumgröße (Patientenzimmer im Krankenhaus) können Sie – je nach Duftintensität – zwischen 6 und 12 Tropfen träufeln. Es genügt, die Duftlampe 1 bis 2 Stunden anzulassen, die erwärmten Öle geben auch nach Abschalten noch weiter Duft ab.

Raumsprays

Entweder Sie kaufen hierfür direkt handelsübliche Fertigmischungen oder stellen Ihr eigenes Raumspray nach eigenen Bedürfnissen her. Füllen Sie dazu 10 bis 30 Tropfen (je nach Wahl) mit je 100 ml 90%igem Alkohol in ein entsprechendes Fläschchen mit montiertem Spraykopf (erhältlich in jeder Apotheke). – Fertig ist ein Raumspray! Das Spray kann auch auf ein Kopfkissen gesprüht werden, so wird es im Schlaf inhaliert.

Massage, Wickel und Auflagen

Wickel und Massagen sind nicht nur altbekannte Hausmittel, sondern besonders wohltuend. Neben den Essenzen, die auf Körper, Geist und Seele wirken, ist es vor allem die Zuwendung, die für Entspannung und Wohlbefinden sorgt. Dazu kommen – je nach Beschwerdebild – entsprechend geeignete ätherische Öle, wie sie auf Seite 70 zu finden sind.

Nehmen Sie dazu ein doppelt gefaltetes Tuch aus Baumwolle (z.B. Geschirrhandtuch) in der Größe des zu behandelnden Körperteils. Beträufeln Sie es mit einem Gemisch aus Trägeröl *(ein geruchsneutrales oder geruchsarmes Pflanzenöl, z.B. Jojobaöl)* und ätherischem Öl, 2 ml pro 10 ml Trägeröl. Legen Sie das doppelt gefaltete Tuch in einen lebensmittelechten Plastikbeutel. Wärmen Sie es zwischen zwei Wärmflaschen auf. Nehmen Sie das Tuch aus dem Plastikbeutel und legen Sie es auf die zu behandelnde Körperstelle.

Hinweis: Achten Sie beim Kauf, egal für welche Firma Sie sich entscheiden, **auf 100% naturreines, ätherisches Öl.** Oft werden im Handel auch synthetische Duftstoffe als „natürliche Öle“ angeboten.

Bewährte Mischungen

Angstlösend: 5 Tropfen Neroli, 4 Tropfen Lavendel, 3 Tropfen Melisse

Entspannend: 4 Tropfen Mandarine, 3 Tropfen Bergamotte, 4 Tropfen Vanille oder alternativ Benzoe

Beruhigend: 6 Tropfen Lavendel, 3 Tropfen Bergamotte, 3 Tropfen Rose

Ausgleichend, aufhellend und stimmungsstabilisierend: 4 Tropfen Melisse, 4 Tropfen Bergamotte, 4 Tropfen Rose

Hinweis: Sind Ihnen die Mischungen zu duftintensiv, nehmen Sie je 1 bis 2 Tropfen weniger pro Öl.

Mögliche letzte Worte

Liebe*r *(Name des Sterbenden)*,

du schaust auf ein Leben mit Höhen und Tiefen zurück. Sicher war vieles nicht ganz einfach und verlangte dir einiges ab. – Doch jetzt, jetzt zuletzt richte deinen Blick nur noch auf alle schönen Dinge, darauf, was du alles geschafft hast *(deine Arbeit, dein Haus, deine Projekte…)*, an die Menschen, die dir wichtige gute Begleiter waren *(z.B. deine Kinder – jeweils treffendes einsetzen)*. Doch wenn dir das Atmen zu schwer wird und du das Gefühl hast jetzt gehen zu können, dann darfst du gehen, dann darfst du deine Augen für immer schließen. Wir werden dich in guter Erinnerung behalten, all die schönen Momente, die wir gemeinsam erleben durften. Ich liebe dich/wir lieben dich *(oder andere treffende Verabschiedungsworte)*.

Hilfreiche Adressen

Deutscher Hospiz- u. Palliativverband e.V.
Aachener Str. 5 in 10713 Berlin
Tel. 030 / 82 00 758-0
info@dhpv.de
www.dhpv.de

Deutsche Gesellschaft für Palliativmedizin e.V.
Aachener Straße 5 in 10713 Berlin
T 030 / 30 10 100 - 0
dgp@dgpalliativmedizin.de
www.dgpalliativmedizin.de

Letzte Wünsche wagen
Wünschewagen – ein ehrenamtliches Projekt des ASB Deutschland e.V.
Auf der Homepage finden Sie den Ansprechpartner für Ihre Region
https://wuenschewagen.de/kontakt

Besuchen Sie einen unserer „1 x 1 der Sterbebegleitung - Kurse“

In Würde zu Hause zu sterben, das wünschen sich die meisten Menschen. Angehörigen stehen dieser Aufgabe oft plötzlich und hilflos gegenüber. ***„1 x 1 Sterbebegleitung-Kurse“*** **sollen dies ändern,** ***um am Ende zu wissen, wie es geht.***

Ein Kurs, der Laien, pflegenden Angehörigen sowie Pflege- und Betreuungskräften ganz praktische Tipps und Hilfen für eine DER herausforderndsten Lebenssituationen, einen Menschen im Sterben zu begleiten, vermittelt.

Es werden Fragen erörtert wie: *Wie kann ich einem Schwerstkranken / Sterbenden helfend zur Seite stehen? Was kommt auf mich zu, wenn ich jemanden beim Sterben begleite? Wie kann ich ihr Leiden lindern? Wie kann ich helfen? Wo finden wir Unterstützung und Hilfen?*

Die Kurse gibt es als Präsenzkurse, Live-Online-Kurse über Zoom *(Auf unserer Homepage finden Sie aktuelle Termine!)* oder als Kurs über Studienbriefe, per Mail.

... das könnte Sie interessieren:

Tierapeut Piccolino - Kleiner Hund mit großer Wirkung Einblicke in die tiergestützte Intervention & Therapie

von Marion Jettenberger

Zum Buch: Piccolino, ein Chi-Mix, ist tagtäglich an Jettenbergers Seite. Als Tierapeut bewirkt er oft mehr, als ein menschlicher Therapeut es je könnte. Er ist unvoreingenommen, wertfrei, rezeptfrei zu erhalten und begeistert durch sein mitreißendes, herzöffnendes Wesen innerhalb weniger Sekunden, wenn er auf seinen vier Pfoten höchst motiviert angetrippelt kommt. – Tiergestützte Intervention & Therapie erfreut sich immer größerer Beliebtheit und Anerkennung. Das Buch richtet sich an alle, die Tiere, insbesondere Hunde, am Menschen einsetzen wollen. Es soll Einblick und Ideen für die praktische tiergestützte Arbeit geben, unter Berücksichtigung von Sicherheits- und Hygienestandards.

*Taschenbuch * 184 Seiten * viele s/w-Fotos * ISBN 978-3-95544-153-1 * 15 €*

Einmal noch Margeriten pflücken ...

44 LEBENsweisheiten STERBENder

von Marion Jettenberger

Zum Buch: Zum Glück ist unser aller Leben end-lich, denn erst diese Begrenzung macht uns bewusst, wie kostbar es ist. Sich mit dem Tod auseinanderzusetzen, hilft uns dabei, unser Leben nicht endlos und als selbstverständlich hinzunehmen, sondern es bewusst zu gestalten. Die Autorin begegnet im ambulanten Hospizdienst täglich Schwerstkranken und Sterbenden. Sie hört bis zum letzten Atemzug zu, lauscht, was diese weisen Menschen am und aus dem Pflege- oder Sterbebett mitzuteilen haben. Diese Botschaften, kostbare, eindrückliche Weisheiten, wurden hier Buch zu 44 Lebensweisheiten.

*Taschenbuch * 248 Seiten * ISBN 978-3-95544-122-7 * 16 €*